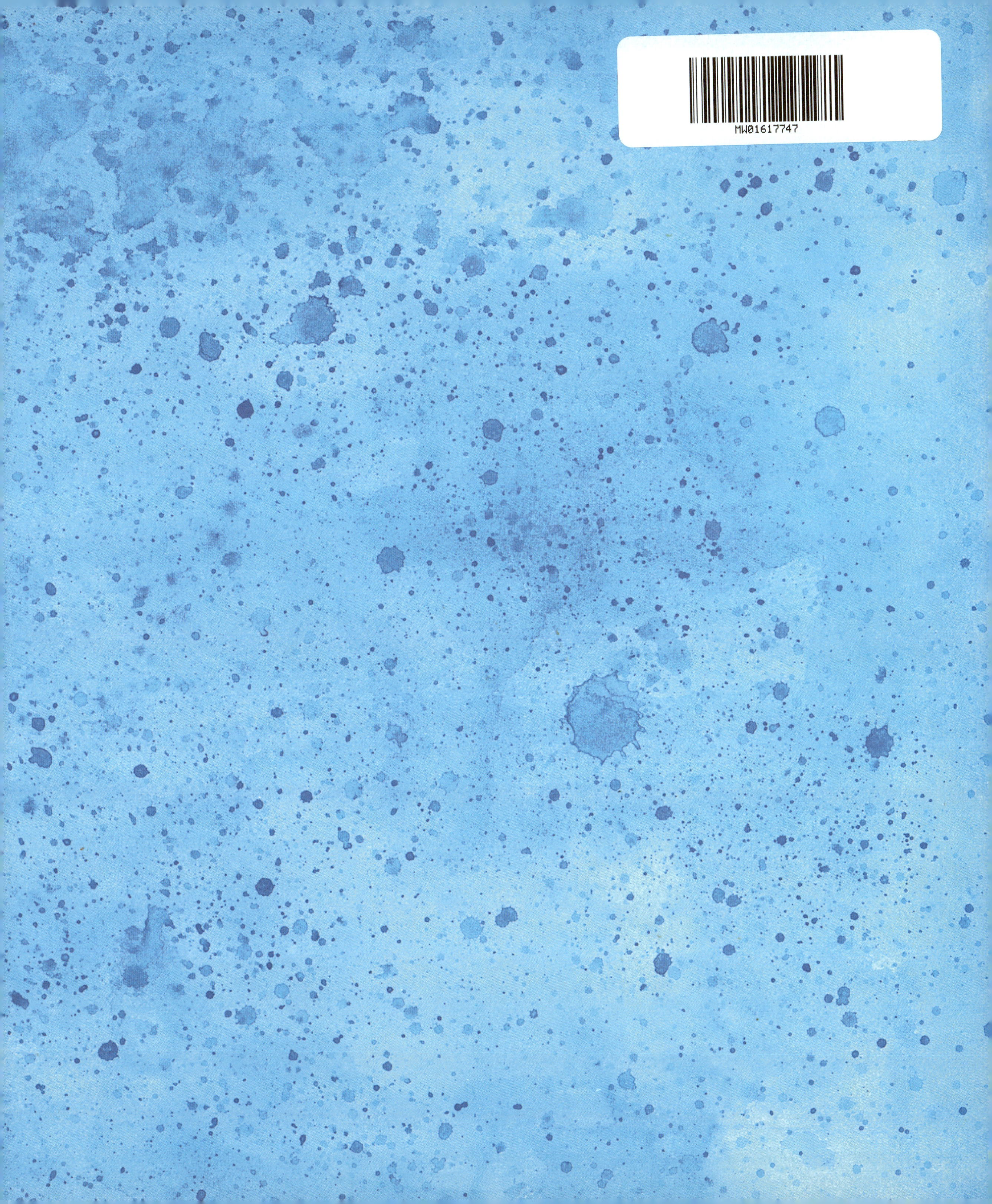

Die Wahrheit ist verrückter als die Fiktion … eine Geschichte für Hannah, Iola und Web und Familien auf der ganzen Welt – CB

Für Jules, Ames und Els, in Liebe – SW

Für Jay, in Liebe – AH

Klimaneutrales Produkt

Völckersstraße 14–20, 22765 Hamburg

Originalausgabe The Story of Life

published by Francis Lincoln Children's Books, an imprint of The Quarto Group, The Old Brewery, 6 Blundell Street, London, N7 9BH, UK

Text: Catherine Barr, Steve Williams
Illustrationen: Amy Husband
Übersetzung: Inga Hübner
Fachlektorat: Wencke Krings, Centrum für Naturkunde, Hamburg
Redaktion: Caroline Jacobi
Herstellung: Ina Anders

ISBN 978-3-551-25225-8

www.carlsen.de

Woher wir Menschen kommen

und wie das Leben auf der Erde entstand

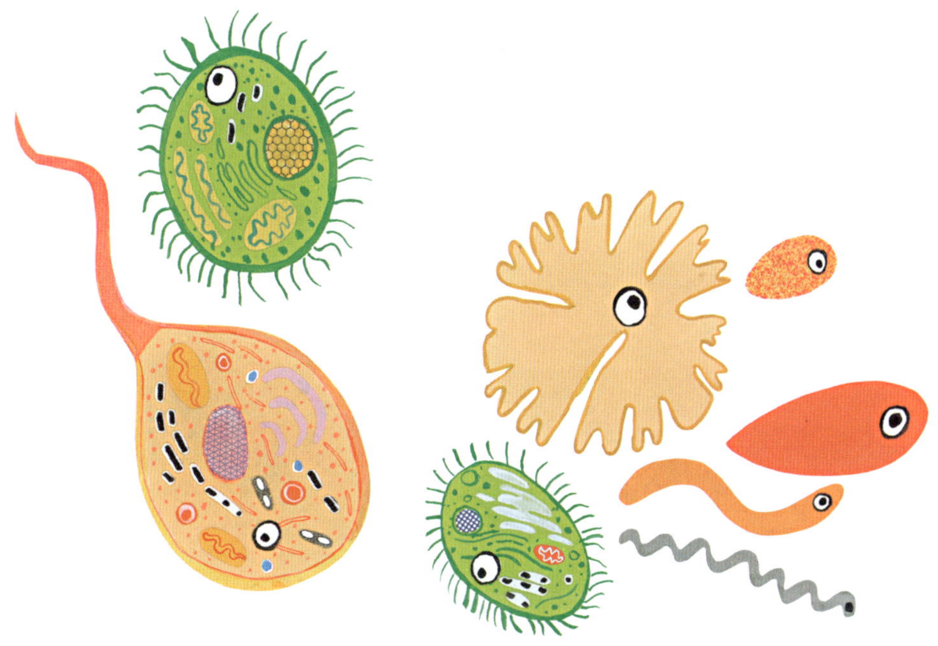

Geschrieben von **Catherine Barr** und **Steve Williams**
Illustriert von **Amy Husband**
Aus dem Englischen übersetzt von **Inga Hübner**

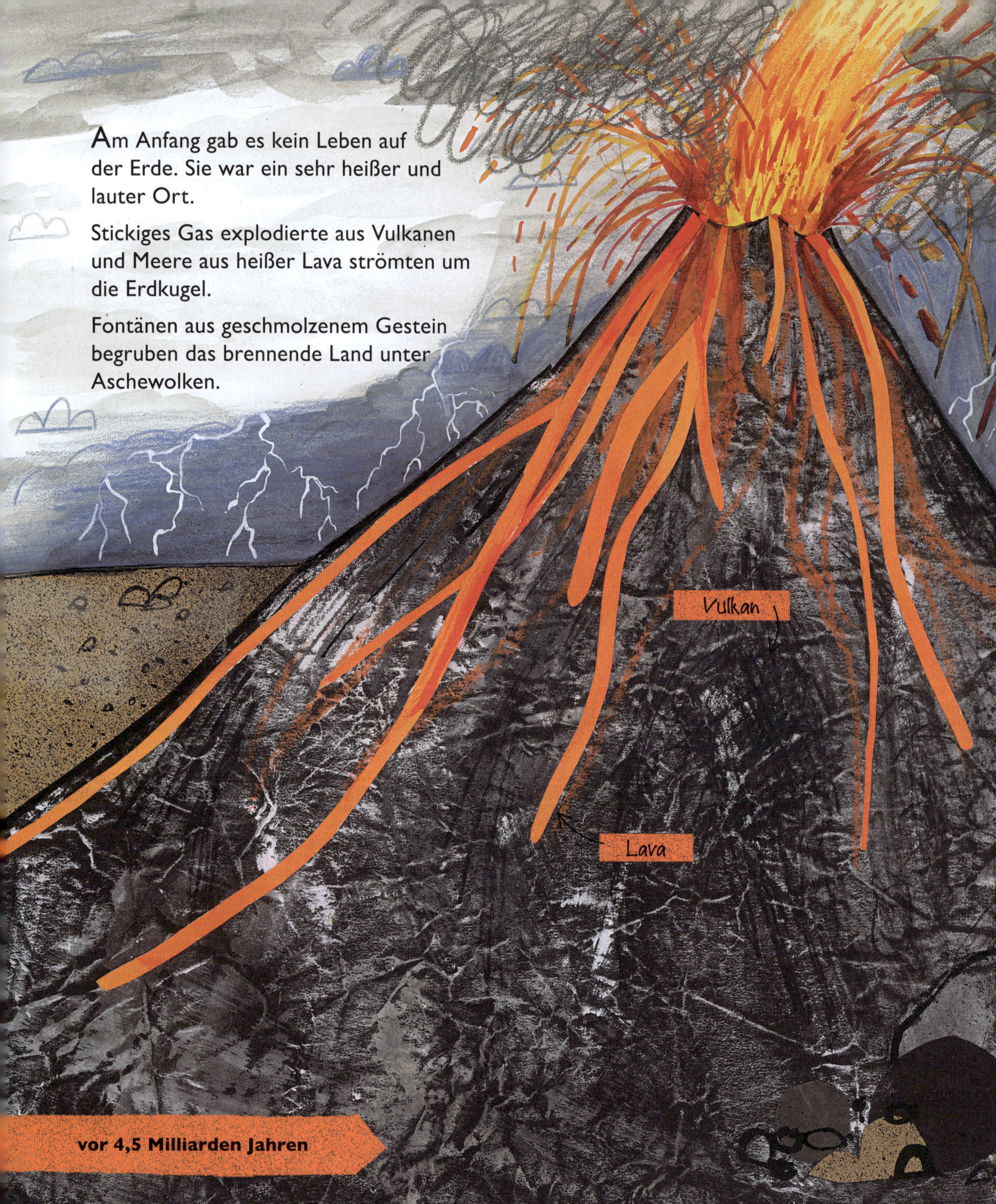

Am Anfang gab es kein Leben auf der Erde. Sie war ein sehr heißer und lauter Ort.

Stickiges Gas explodierte aus Vulkanen und Meere aus heißer Lava strömten um die Erdkugel.

Fontänen aus geschmolzenem Gestein begruben das brennende Land unter Aschewolken.

vor 4,5 Milliarden Jahren

Und aus dem Weltraum
schlugen gewaltige Steine,
Meteoriten genannt, in die
aufgewühlten Meere.
Meteoriten
Tief unter Wasser drängten
heiße schwarze Gase an
die Oberfläche dieser
merkwürdigen,
leblosen Welt.

Dann geschah in den Tiefen des dunklen Ozeans etwas Unglaubliches.

Im warmen Wasser bei den Unterwasser-Vulkanen, die Schwarze Raucher genannt werden, kamen einige winzige umhertreibende Teilchen zusammen.

vor 3,5 Milliarden Jahren

Diese Teilchen waren so klein, dass du sie wahrscheinlich nicht hättest sehen können. Sie könnten aus dem Weltall gefallen oder von unterhalb des Meeresbodens aufgestiegen sein.
Sie bildeten den Anfang des Lebens auf der Erde.
winzige Teilchen
Meeresboden

Dieses erste Leben war ein unglaublich kleines formloses Klümpchen: eine Zelle.

Mit der Zeit lebten die Zellen zusammen und bildeten klebrig-schleimige Strukturen, die zu kissengroßen Hügeln heranwuchsen.

Einige Zellen begannen damit, das Sonnenlicht, das Wasser und ein Gas in der Luft als Hilfe zum Wachsen zu nutzen.

Die Zellen vervielfältigten sich zu Milliarden. So bildeten sich in den Meeren viele neue Lebewesen.

Einige Zellen stießen ein Sauerstoff genanntes unsichtbares Gas aus, das die Luft völlig veränderte und sogar die Farbe des Planeten.

Der Sauerstoff umgab die Erdkugel und verwandelte das Schwarz der Steine in viele Schattierungen von Gelb, Rot und Braun.

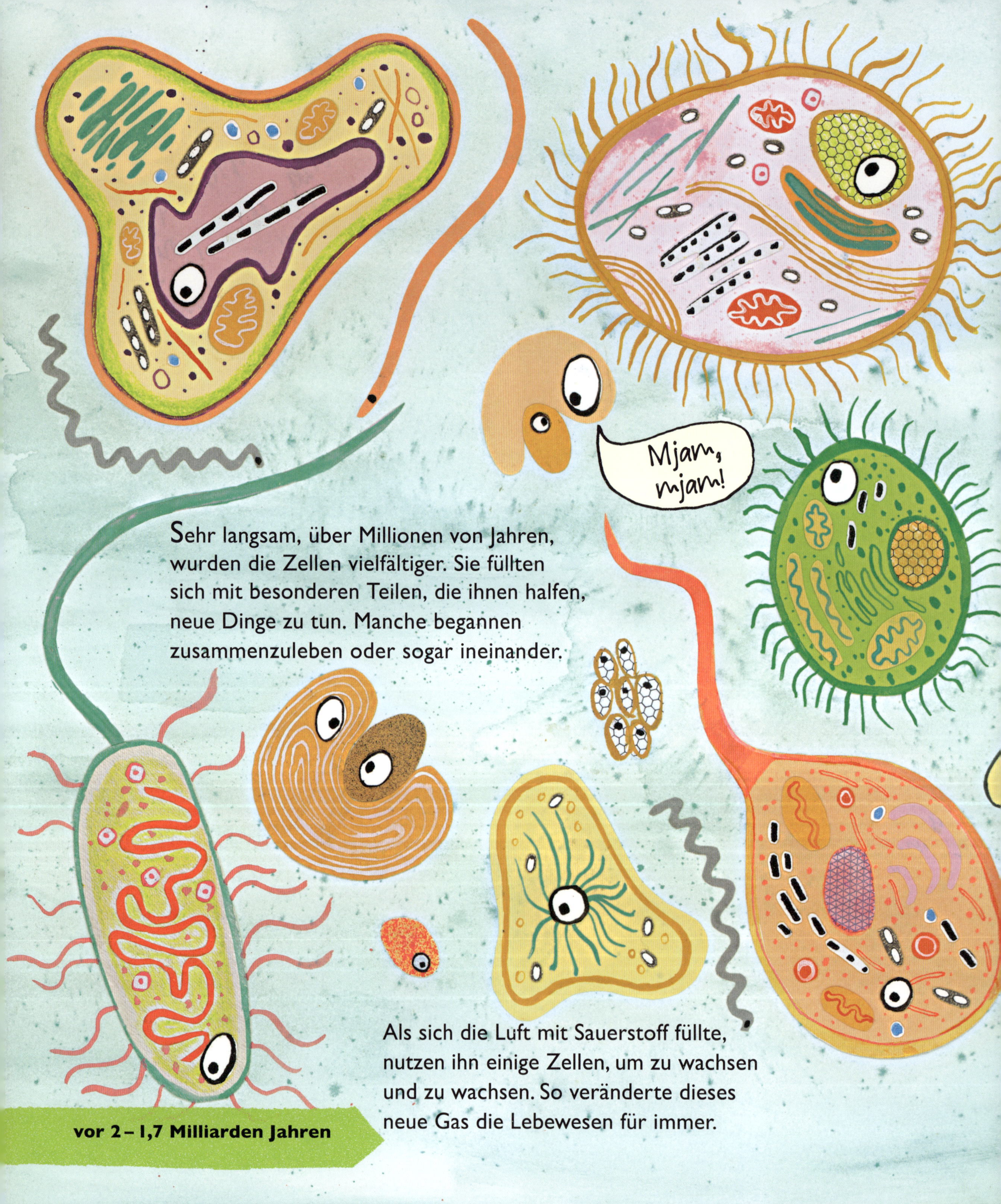

Sehr langsam, über Millionen von Jahren, wurden die Zellen vielfältiger. Sie füllten sich mit besonderen Teilen, die ihnen halfen, neue Dinge zu tun. Manche begannen zusammenzuleben oder sogar ineinander.

Als sich die Luft mit Sauerstoff füllte, nutzen ihn einige Zellen, um zu wachsen und zu wachsen. So veränderte dieses neue Gas die Lebewesen für immer.

vor 2 – 1,7 Milliarden Jahren

Die Zellen wuchsen zu allen möglichen eigenartigen Formen und Größen heran. Einige von ihnen wurden die ersten Tiere. Jetzt kam das Leben auf der Erde richtig in Gang.

Die Meere füllten sich mit zappelnden, treibenden, pulsierenden Lebewesen.

Weitere Millionen Jahre vergingen und diese wabbeligen Klümpchen wurden weiche Quallen und Würmer.

Allmählich entwickelten sie sich zu Tieren, die Krebsen und Fischen ähnelten.

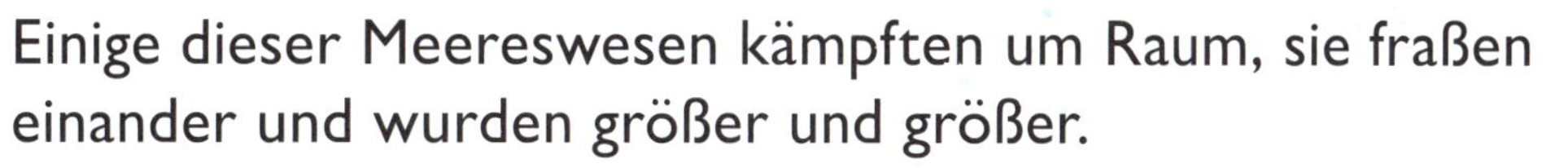

Einige dieser Meereswesen kämpften um Raum, sie fraßen einander und wurden größer und größer.

Andere knabberten Pflanzen und schluckten die Überreste vorbeitreibender toter Tiere.

Von den dunklen Tiefen bis zu den seichten Pfützen fanden die verschiedenen Tierarten unterschiedliche nasse und feuchte Räume zum Leben.

Als die Meere voller Leben waren, drangen die Pflanzen und Tiere auf das Land vor.

Im seichten Wasser streckten sich sumpfige Pflanzen zur Sonne – und entwickelten sich langsam zu großen Bäumen. Verschiedene Pflanzen bildeten sich heraus und breiteten sich in Hunderten von Grüntönen über das ganze Land aus.

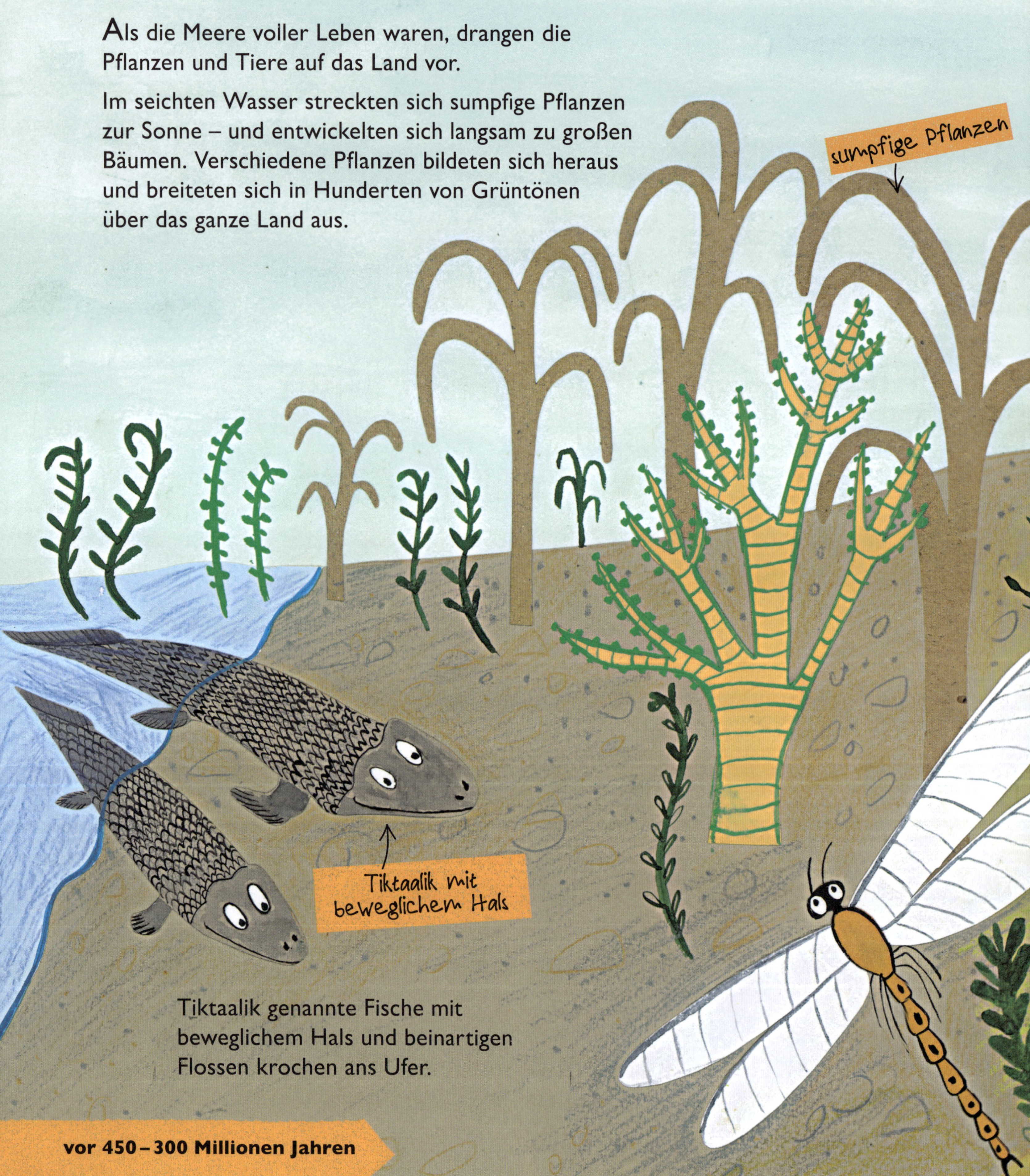

Tiktaalik genannte Fische mit beweglichem Hals und beinartigen Flossen krochen ans Ufer.

vor 450 – 300 Millionen Jahren

Schließlich füllten sich die sumpfigen Wälder mit salamanderartigen Lebewesen.

Riesige Insekten hoben vom Boden ab und flogen zum ersten Mal durch die feuchte, heiße Luft.

Dann kam es zur Katastrophe – etwas Schreckliches geschah und tötete das meiste Leben auf der Erde.

Wir wissen nicht, was es war, und Wissenschaftler suchen noch immer nach Hinweisen.

Vielleicht verdunkelten gewaltige Staubwolken von ausbrechenden Vulkanen die Sonne.

vor 250 Millionen Jahren

Reptil-Fußabdrücke
Ohne Licht und Wärme war es hart zu überleben. Aber schuppige eidechsenartige Tiere hatten es geschafft.
Sie legten die ersten Eier außerhalb des Wassers, begannen, sich zu vermehren, und wurden immer größer. Mit der Zeit wurden sie die größten Tiere, die jemals an Land gelebt haben – Dinosaurier.
Wo sind alle?
erste Eier mit Schalen

Wenn die größten Dinosaurier liefen, bebte der Erdboden. Einige der gigantischen Reptilien donnerten durch die Wüsten, andere wateten durch die Sümpfe.

Groß wie ein Haus und mit zackigen Zähnen sahen manche wirklich furchterregend aus.

vor 160 – 66 Millionen Jahren

Kleine Dinosaurier mit zahnlosen Schnäbeln zählten zu den schnellsten von allen und jagten mit ihren hakenartigen Krallen über die Ebenen.

Manche fraßen Pflanzen, während andere die Pflanzenfresser verspeisten.

Sie wanderten über das ganze Land und verteilten sich über die Kontinente, die sich in dieser Zeit gebildet hatten.

Durch die Lüfte kreuzten seltsame eidechsenartige Wesen, während große Krokodile, Haie und andere riesige Reptilien in den warmen Meeren schwammen.

Luft, Land und Meer füllten sich mit Millionen verschiedener Pflanzen und Tiere.

vor 200 – 65 Millionen Jahren

In dichten Wäldern wieselten kleine, haarige Tiere – die ersten Säugetiere – in Löcher.

Sie waren die ersten, die Babys bekamen, statt Eier zu legen.

Alle Lebewesen kämpften um Nahrung und Platz.

Die erfolgreichsten überlebten und die ersten Vögel fingen an, zu krächzen und zu singen.

Farbtupfer erschienen, als sich die ersten Blumen in der Sonne wärmten.

Mithilfe von Insekten wuchsen und verbreiteten sich diese Blumen – ein neuer Duft wehte durch die Luft.

vor 144 – 65 Millionen Jahren

Aber noch einmal sollte sich alles ändern.

Ein gigantischer Gesteinsbrocken, Meteorit genannt, stürzte auf den Planeten – und sprengte dicken Staub in die Luft.

Auf der ganzen Erde brachen Vulkane aus.

Als der Staub sich legte, war fast alles Leben erstickt. Lava strömte aus und die Temperaturen sanken.

Die Welt fiel in eisige Dunkelheit.

Im frostkalten Wetter, ohne Nahrung, starben die großen Dinosaurier.

vor 65 – 10 Millionen Jahren

Dieses Mal überlebten die kleinen haarigen Tiere. Vielleicht fanden sie eine Zuflucht und ihr Fell hielt sie warm. Diese warmblütigen, haarigen Geschöpfe entwickelten sich zu vielen verschiedenen Tierarten.

Und so übernahmen, nachdem die Dinosaurier weg waren, die Säugetiere die Welt.

In Afrika hangelten sich Affen und Menschenaffen in riesigen Wäldern durch das Land.

Sie fanden jeweils unterschiedliche Nahrung und lebten in verschiedenen Teilen des Waldes. Manche schwatzten in den Bäumen, andere wagten sich auf den Waldboden vor.

Mit der Zeit fiel weniger Regen. Die Wälder lichteten sich. Einige Menschenaffen hatten begonnen, nur zwei Beine zu benutzen.

Sie entwickelten sich zu den ersten Menschen.

Lucy
Wissenschaftler fanden die Knochen von einem dieser affenartigen Menschen. Sie nannten ihn Lucy. Lucy lebte vor über drei Millionen Jahren.
Sie lernten, Feuer zu machen, um sich warm zu halten.
Sie schärften Steine als Werkzeuge und sie jagten.
Steinwerkzeug
vor 5 Millionen – 60.000 Jahren

Versteinerte Fußabdrücke zeigen, dass die
frühen Menschen gemeinsam über
die weiten Ebenen zogen.
Jagdspeer
Verschiedene Gruppen begannen,
Afrika zu verlassen und neue
Orte zum Leben
zu finden.

Während ihrer Erkundungen wurde die Erde kälter und kälter.
Eis breitete sich aus und die Meere froren zu.
In diesen Eiszeiten war das Leben für die Menschen der
Frühzeit ein echter Kampf.
Diejenigen, die Werkzeuge benutzten und Wege fanden,
sich warm zu halten, überlebten. Sie breiteten sich aus
und siedelten auf der ganzen Welt.
Ihre Gehirne entwickelten sich und sie begannen,
ähnlich wie wir zu denken.
Brr, ist das kalt!
vor 60.000 Jahren – heute

Als sich die Erde wieder erwärmte, begannen sie mit dem Ackerbau und bauten Nahrungsmittel an.

Alle auf der Welt sind mit diesen Überlebenden verwandt. Auch du bist es.

Wir Menschen werden, wie alles Leben auf der Erde, uns ständig weiterentwickeln.

Wir lernen mehr und mehr über die Welt, die uns umgibt.

heute

Aber wir zerstören auch Lebensräume und verändern das Klima. Darum sind wieder einige Pflanzen und Tiere vom Aussterben bedroht.

Unsere Aufgabe ist es, uns gut um diesen blau-grünen Planeten zu kümmern, der unsere Heimat geworden ist.

Auch in den kommenden Milliarden Jahren wird unser Planet im Weltraum kreisen – mit oder ohne uns.

So ist nun zwar das Buch zu Ende, aber die unglaubliche Geschichte des Lebens auf der Erde noch lange nicht!

Verzeichnis nützlicher Wörter

ausgestorben – wenn von Lebewesen alle Nachkommen gestorben sind und sie nicht länger auf der Erde existieren

Dinosaurier – Reptilien, die vor 235 Millionen Jahren entstanden und als Vögel heute immer noch existieren

Eiszeiten – lange Zeitspannen, in denen Eis große Teile der Erde bedeckte

Evolution – der Weg, durch den sich Lebewesen mit der Zeit entwickeln und manchmal zu neuen Lebensformen verändern

Fossilien – in Stein gefundener Nachweis von Leben, das vor Millionen von Jahren existierte

Fotosynthese – die Weise, in der Pflanzen Sonne, Wasser und ein Kohlendioxid genanntes Gas zum Wachsen nutzen

Kontinent – eine enorme Landmasse. Heute gibt es sieben Kontinente.

Lava – rot glühendes, geschmolzenes Gestein, das bei Vulkanausbrüchen ausgeworfen wird

Lucy – Name der in Afrika gefundenen Versteinerung eines der ersten affenähnlichen Menschen

Meteorit – ein Stein, der durch den Weltraum gereist und in die Erde eingeschlagen ist

Meteoroid – (auch: Meteorteilchen) ein Stein, der durch den Weltraum reist

Reptilien – kaltblütige Tiere mit trockener, harter Haut aus Hornschuppen, die an Land Eier legen

Sauerstoff – ein Gas ohne Farbe oder Geruch, das von Pflanzen gemacht wird. Die meisten Lebewesen müssen Sauerstoff atmen, um am Leben zu bleiben.

Säugetiere – warmblütige, behaarte Tiere, die lebende Junge gebären und ihre Babys mit Milch füttern, die sie produzieren

Schwarzer Raucher – ein Unterwasser-Vulkan, der superheißes Wasser voll winziger dunkler Teilchen ausspuckt – was aussieht wie schwarzer Rauch

Tiktaalik – ein großer Fisch mit vier beinartigen Flossen, der als eines der ersten Geschöpfe aus dem Wasser krabbelte und an Land ging. Er ist ausgestorben.

Trilobit – ein ausgestorbenes Meereswesen, das einen festen, in drei Teile geteilten Panzer außen an seinem Körper hatte. Es lebte vor 520 – 250 Millionen Jahren.

Vulkan – ein Berg oder Hügel mit einer großen Öffnung, Krater genannt, durch die Lava und Gase aus der Erdkruste austreten

Zellen – winzige Lebewesen, die Bausteine allen Lebens auf der Erde